Questions? Réponses!

l'Égypte ancienne

Textes de **Sandrine Mirza**
Illustrations de **Christian Jégou** et **Xavier Mussat**

Nathan

SOMMAIRE

L'Égypte ancienne, c'était quand ?

Pendant l'Antiquité. La civilisation de l'ancienne Égypte s'étend sur plus de 3 000 ans, de 3100 à 30 av. J.-C. Elle est l'une des plus longues et des plus brillantes civilisations de l'histoire.

3100-2700 av. J.-C.

ÉPOQUE THINITE

Narmer unifie l'Égypte et prend pour capitale la ville de This.

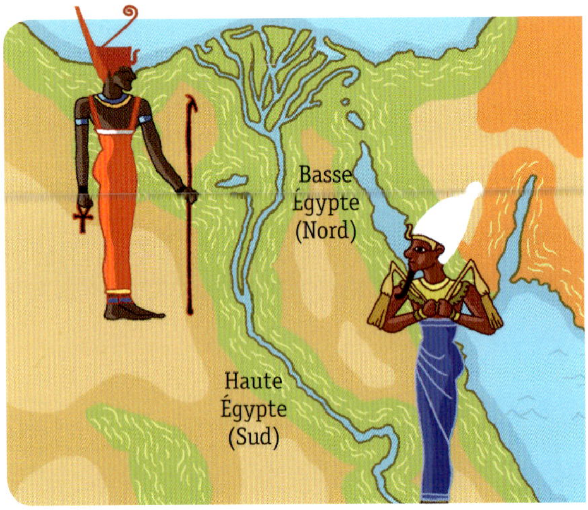

Comment naît cette civilisation ?

À l'époque préhistorique, l'Égypte est divisée en plusieurs petites communautés qui peu à peu se regroupent en deux grands royaumes : un au Sud et un au Nord. Vers 3100 av. J.-C., le roi du Sud, appelé Narmer, conquiert le Nord et unifie pour la première fois l'Égypte.

Connaît-elle 3 000 ans de tranquillité ?

Non, pas vraiment. La civilisation égyptienne vit des périodes d'unité, de stabilité et de puissance : l'Ancien Empire, le Moyen Empire et le Nouvel Empire ; mais aussi des périodes de division, de conflit et de déclin : les périodes intermédiaires.

INCROYABLE !

Pépi II serait monté sur le trône vers 6 ans et serait mort vers 100 ans. Son règne serait le plus long de l'histoire des pharaons.

Octave, le maître de Rome, prend possession de l'Égypte.

Pourquoi disparaît-elle ?

Parce qu'elle s'affaiblit, à partir de 1069 av. J.-C., et ne réussit plus à résister aux invasions étrangères. Le pays subit notamment la domination des Perses, avant d'être conquis par Alexandre le Grand, le roi de Macédoine. Puis, il tombe aux mains de Rome qui en fait une simple province romaine.

LE SAIS-TU ? Les Hyksôs ont introduit en Égypte le cheval et le char de combat.

LA CIVILISATION ÉGYPTIENNE AU FIL DU TEMPS

2700-2200 av. J.-C.

ANCIEN EMPIRE

Les pharaons prennent Memphis pour capitale et font construire les premières pyramides, à Saqqara et Giza.

2200-2040 av. J.-C.

PREMIÈRE PÉRIODE INTERMÉDIAIRE

Enfant, Pépi II hérite d'un royaume puissant. Mais la situation se dégrade pendant son règne et, à sa mort, le pays sombre dans le chaos.

2040-1700 av. J.-C.

MOYEN EMPIRE

L'Égypte connaît une période de paix et de prospérité. Elle entretient de fructueux échanges commerciaux avec ses voisins : Nubiens, Phéniciens, Crétois…

1700-1550 av. J.-C.

DEUXIÈME PÉRIODE INTERMÉDIAIRE

Les Hyksôs, un peuple du Proche-Orient, prennent le pouvoir en Égypte.

1550-1069 av. J.-C.

NOUVEL EMPIRE

Les pharaons font de Thèbes leur principale capitale.

1069-664 av. J.-C.

TROISIÈME PÉRIODE INTERMÉDIAIRE

L'Égypte passe sous domination étrangère. Des pharaons noirs, originaires de Koush (actuel Soudan), règnent sur le pays.

664-332 av. J.-C.

BASSE ÉPOQUE

L'Égypte retrouve un peu de sa grandeur au moment de la « renaissance saïte » puis elle est conquise par les Perses.

332-30 av. J.-C.

ÉPOQUE PTOLÉMAÏQUE

Alexandre le Grand s'empare de l'Égypte et fonde Alexandrie. À sa mort, l'Égypte revient au général Ptolémée et à ses descendants.

Pourquoi dit-on que l'Égypte est un « don du Nil » ?

Cette expression vient de l'historien grec Hérodote, qui a vécu au 5e siècle av. J.-C. Elle signifie que, sans les bienfaits du Nil, la terre d'Égypte n'aurait jamais pu donner naissance à une civilisation aussi brillante.

Le Nil est-il un grand fleuve ?

Oui. Avec ses 6 671 kilomètres de long, le Nil est l'un des trois plus grands fleuves du monde. Il est la principale voie de communication et de commerce d'Égypte, indispensable au transport des hommes, des animaux, des matières premières et de toutes sortes de produits.

Quels types de bateaux naviguent sur le Nil ?

Les Égyptiens utilisent des embarcations variées, de la petite barque de papyrus au grand vaisseau de bois. La plupart des bateaux combinent voiles et rames car, les vents dominants soufflant du nord vers le sud, le Nil se remonte à la voile mais se descend à la rame.

LA TERRE D'ÉGYPTE

La Vallée du Nil est parfois appelée « Kemet », la Terre noire. Ce nom lui viendrait du limon noir déposé par la crue.

LE SAIS-TU ? Le papyrus sert à fabriquer des barques, des sandales, des paniers et des feuilles pour l'écriture.

La pêche est-elle bonne ?

Plutôt bonne, car le Nil regorge de poissons qui constituent une source alimentaire appréciable. Mais il est aussi infesté d'animaux dangereux : vipères, cobras, scorpions et crocodiles. Sans oublier les hippopotames qui renversent les barques et saccagent les plantations.

Ce fleuve est-il nécessaire à l'agriculture ?

Absolument, car l'Égypte est un pays extrêmement sec qui a besoin de l'eau du Nil pour abreuver les hommes et les bêtes comme pour arroser les cultures. De plus, chaque année au moment de la crue, les eaux du Nil recouvrent les rives du fleuve et enrichissent les champs d'une boue fertile, le limon.

Sans le Nil, l'Égypte serait un immense désert.

INCROYABLE !

Les égyptologues ont découvert au pied de la pyramide de Khéops un bateau intact de 43 mètres de long, tout en cèdre du Liban.

Comment est organisée la société égyptienne ?

La société égyptienne est fortement structurée et hiérarchisée. Elle est dirigée par un homme, le pharaon, à la tête d'une armée de fonctionnaires chargés de veiller à la bonne marche de l'État.

Le pharaon est-il puissant ?

Extrêmement. Il est même considéré comme un dieu vivant ! Il détient tous les pouvoirs : politique, économique, judiciaire, militaire et religieux. Son devoir essentiel est d'honorer les dieux afin que ceux-ci, en échange, protègent l'Égypte et lui assurent paix et prospérité.

INCROYABLE !

À la fin du Nouvel Empire, les grands prêtres d'Amon sont riches et puissants au point de disputer le pouvoir aux pharaons.

D'autres personnes sont-elles favorisées ?

Les parents du pharaon, les hauts fonctionnaires, les chefs locaux, les généraux et les grands prêtres forment la partie privilégiée de la population. Ils habitent de luxueuses maisons, possèdent de beaux bijoux, consacrent du temps à leurs loisirs et bénéficient de riches funérailles.

Attablé devant un jeu de société, ce couple profite de son jardin luxuriant.

Qui compose le peuple ?

Les fonctionnaires, les scribes et les prêtres occupent une position sociale intermédiaire. Viennent ensuite les artisans et les commerçants, puis la masse des paysans. Les soldats constituent un groupe à part. Quant aux serviteurs et aux prisonniers, ils forment la classe la moins favorisée.

Quel est le rôle des fonctionnaires ?

Les fonctionnaires jouent un rôle de premier plan car l'administration égyptienne est particulièrement développée et pointilleuse. Ils s'occupent notamment de collecter et gérer les recettes de l'État, perçues sous forme d'impôts en nature (céréales, bétail, bière, bois, lin…) et de corvées.

LE SAIS-TU ? Les hommes de qualité tiennent souvent un bâton, symbole de leur rang et de leur autorité.

LA PYRAMIDE SOCIALE

Le peuple forme la base de cette pyramide. Il est dominé par un petit nombre d'individus puissants.

LE PHARAON ET LA GRANDE ÉPOUSE ROYALE

Très souvent **le pharaon épouse une de ses sœurs,** à l'image d'Osiris qui a épousé sa sœur Isis.

Le vizir est le bras droit du pharaon. Il dirige notamment l'administration, la justice, gère les réserves alimentaires et les travaux publics.

Le pharaon possède un harem composé de la grande épouse royale, d'épouses secondaires et de concubines.

LA FAMILLE ROYALE, LES HAUTS FONCTIONNAIRES

LES CHEFS LOCAUX, LES GRANDS PRÊTRES, LES GÉNÉRAUX

Chaque province, ou nome, est dirigée par **un chef appelé « nomarque ».**

Les scribes, qui savent lire et écrire, jouissent d'un grand prestige.

LES FONCTIONNAIRES, LES SCRIBES, LES PRÊTRES, LES SOLDATS

Les artisans sont oulangers, tailleurs le pierre, orfèvres, otiers, menuisiers ou forgerons.

Les paysans forment la majeure partie de la population.

LES ARTISANS, LES COMMERÇANTS, LES PAYSANS

LES SERVITEURS, LES PRISONNIERS DE GUERRE

Certains prisonniers de guerre semblent plus ou moins réduits en esclavage.

Comment vit le pharaon ?

Le pharaon est un être tout-puissant, qui vit dans le luxe et l'opulence. Mais il doit aussi se montrer vertueux et mener une vie bien réglée, tant au niveau de ses actes et de ses paroles que de son apparence.

INCROYABLE !

Le pharaon porte de curieuses sandales : ses ennemis sont dessinés sur les semelles afin qu'il les écrase symboliquement à chaque pas.

À quoi le reconnaît-on ?

Le pharaon porte une fausse barbe, symbole divin. Selon les circonstances, il se coiffe du « pschent », une couronne rouge et blanche, du « némes », un voile à rayures, ou du « khepresh », une couronne bleue à pois. Souvent, il tient une crosse et un fouet, insignes de son autorité.

Où vit-il ?

Il vit dans un immense palais qui abrite notamment ses appartements, la salle d'audience, les appartements des femmes (ou harem), des jardins et un balcon utilisé pour les apparitions publiques. Ce palais est appelé « Per-aa », « la Grande Maison », une expression à l'origine du terme « pharaon ».

De son balcon, le pharaon salue la foule et, parfois, remet des récompenses à ses agents les plus méritants.

Quelles sont ses activités ?

Le pharaon consacre une partie de ses journées aux rites religieux, aux réunions avec ses conseillers et aux réceptions des visiteurs. À ces obligations quotidiennes s'ajoutent bien d'autres activités : déplacements officiels, visites des grands chantiers, chasse, jeux et distractions.

Le pharaon fait-il la guerre ?

Oui, souvent. À partir du Moyen Empire, c'est même l'une de ses principales occupations. Qu'il s'agisse de défendre l'Égypte contre les agressions extérieures ou de conquérir de nouveaux territoires, le pharaon n'hésite pas à prendre les armes et à mener personnellement son armée au combat.

LE SAIS-TU ? Devant le pharaon, tout visiteur doit s'agenouiller ou se prosterner en « flairant le sol ».

LES PHARAONS CÉLÈBRES

vers 3000 av. J.-C.

NARMER

Il réunit la Basse et la Haute Égypte et devient le premier pharaon.

vers 2650 av. J.-C.

DJOSER

Aidé de son vizir Imhotep, il élève la première pyramide, à Saqqara.

vers 2550 av. J.-C.

KHÉOPS

Il fait construire la grande pyramide de Giza.

vers 1860 av. J.-C.

SÉSOSTRIS III

Il repousse et renforce les frontières de l'Égypte. Il conquiert notamment le nord de la Nubie.

vers 1450 av. J.-C.

THOUTMOSIS III

Ce conquérant domine un immense empire allant de la Nubie au Proche-Orient. L'Égypte est au sommet de sa puissance.

vers 1340 av. J.-C.

AMÉNOPHIS IV

Bousculant l'ordre établi, il impose le culte d'un dieu unique, Aton, et prend pour nom Akhénaton.

vers 1330 av. J.-C.

TOUTANKHAMON

Il ne doit pas sa célébrité à son règne, plutôt insignifiant, mais à la découverte de son tombeau intact.

vers 1250 av. J.-C.

RAMSÈS II

Il consacre une grande partie de son règne à la construction de monuments grandioses, comme le temple d'Abou Simbel.

vers 360 av. J.-C.

NECTANÉBO II

Il est le dernier pharaon égyptien, détrôné par les Perses.

- Époque Thinite
- Ancien Empire
- Moyen Empire
- Nouvel Empire
- Basse Époque

Qui sont les scribes ?

Les scribes sont des lettrés présents dans tous les secteurs d'activité : gouvernement, justice, armée, religion, construction... Ils forment une catégorie sociale respectée.

Comment sont-ils formés ?

Leur apprentissage commence entre 5 et 10 ans, souvent à l'école du temple. Ils apprennent à lire, à écrire et à compter. Ils étudient également d'autres matières comme la géographie, l'histoire, l'astronomie ou le droit. En classe, la discipline est sévère et le maître ne se prive pas de battre ses élèves.

Quelle écriture utilisent-ils ?

Ils disposent de deux sortes d'écriture : hiéroglyphique ou cursive. La première sert à transcrire les textes importants, sacrés ou officiels.
La seconde, appelée hiératique ou démotique, est une écriture simplifiée qui permet d'écrire plus rapidement. Elle est utilisée dans la vie courante.

INCROYABLE !

Les scribes écrivent et dessinent aussi sur le thème de l'amour, qu'il s'agisse de chants passionnés ou d'images érotiques.

« Hiéroglyphes », ça veut dire quoi ?

Les hiéroglyphes, ou « gravures sacrées », sont des dessins. Mais ils ne se lisent pas tous de la même manière. Certains, les idéogrammes, correspondent à des mots (des êtres, des choses ou des idées). D'autres, les phonogrammes, représentent aussi des sons. D'autres encore, les déterminatifs, apportent des précisions.

LE SAIS-TU ? Le papyrus Harris du British Museum est l'un des plus longs jamais découverts. Il mesure 42 mètres !

UN SCRIBE AU TRAVAIL

Les feuilles de papyrus sont un support cher et précieux. Elles sont réservées aux documents importants.

Collées bout à bout, les feuilles de papyrus sont conservées en **rouleaux** dans des boîtes.

Le scribe écrit à l'aide de **tiges de roseau taillées**, appelées calames, trempées dans de l'encre.

Les encres sont conservées sous la forme de **pains de couleur** qu'il faut broyer et délayer avec de l'eau.

Le scribe emploie des **encres** noire et rouge pour écrire, mais aussi bleue, verte, jaune ou blanche pour dessiner.

Le scribe rédige les textes de moindre valeur sur des éclats de calcaire ou des morceaux de poterie, appelés **« ostraca »**.

Les Égyptiens sont-ils de grands bâtisseurs ?

Sans aucun doute ! Ils élèvent des temples, construisent des palais, creusent des tombeaux. On leur doit même deux des sept merveilles du monde antique : le phare d'Alexandrie et la grande pyramide de Giza.

Quels outils utilisent-ils ?

Ils taillent la pierre à l'aide d'outils relativement rudimentaires, principalement des ciseaux et des maillets. Ils vérifient la verticalité avec un fil à plomb, l'horizontalité avec un niveau et les angles droits avec une équerre. Ils utilisent comme unité de mesure la coudée, soit à peu près 52 centimètres.

INCROYABLE !

Le « papyrus de la grève » décrit la première grève connue de l'histoire, celle des ouvriers de Deir el-Médineh réclamant leur salaire.

Est-ce qu'ils décorent leurs constructions ?

Absolument. Ils ornent les murs de peintures et de sculptures. Mais ils ne cherchent pas forcément à reproduire le réel. Par exemple, les personnages sont dessinés la tête et les jambes de profil mais l'œil et les épaules de face. De plus, leur taille dépend de leur importance : le plus puissant est toujours le plus grand !

Quelle taille leurs statues atteignent-elles ?

Les Égyptiens produisent des statues de toutes les tailles, mais certaines sont vraiment colossales. Le temple d'Abou Simbel est orné de quatre statues de Ramsès II, hautes de 20 mètres. Quant au sphinx de Giza, il mesure 73 mètres de long et 20 mètres de haut ; sa tête dépasse 5 mètres.

Un obélisque, c'est quoi ?

C'est une énorme aiguille de pierre, haute d'une trentaine de mètres, largement utilisée dans l'architecture sacrée. L'obélisque est lié au culte solaire et sa forme est peut-être une représentation stylisée du « benben », la butte sur laquelle le soleil apparut pour la première fois.

LE SAIS-TU ? La pyramide de Khéops, à Giza, mesurait à l'origine 146 mètres de haut. Elle en fait aujourd'hui 137.

LA CONSTRUCTION D'UNE PYRAMIDE

Quelle est la vie des paysans ?

Les paysans produisent des céréales, essentiellement du blé et de l'orge qui servent à fabriquer le pain et la bière, base de l'alimentation égyptienne. Ils cultivent également d'autres plantes et élèvent du bétail.

Dans une cuve, les vignerons foulent aux pieds les grappes de raisin pour en tirer du jus.

Quels fruits et légumes font-ils pousser ?

Les fruits les plus courants sont les figues, les dattes et les grenades, sans oublier le raisin, également utilisé pour faire du vin. Les légumes sont surtout les fèves, les lentilles, les pois, les concombres, les poireaux, les oignons et les laitues.

Comment arrosent-ils leurs champs ?

Grâce à un savant système d'irrigation. Les Égyptiens possèdent l'art et la manière d'arroser leurs champs, ni trop ni trop peu. Ils construisent des digues et creusent des canaux pour diriger l'eau du Nil et l'utiliser au mieux. Ils se servent d'un appareil à bascule appelé « chadouf » pour puiser l'eau.

L'ANNÉE D'UN PAYSAN

1 DE JUILLET À OCTOBRE : AKHET, LA SAISON DE LA CRUE

L'eau se retire : c'est la décrue.

Les travaux agricoles sont interrompus et les bêtes sont mises à l'abri.

Les champs sont inondés et le limon noir du Nil fertilise la terre.

Bâtis sur des hauteurs, les villages ressemblent à de petites îles.

Pour labourer la terre, le paysan utilise une charrue.

LE SAIS-TU ? Les Égyptiens mesurent la crue du Nil grâce à un nilomètre, un puits aux parois graduées.

Quels animaux élèvent-ils ?

L'âne est leur plus fidèle auxiliaire pour porter les lourdes charges. Le bœuf est également fort apprécié pour sa viande ou pour tirer la charrue. Les paysans élèvent aussi des chèvres, des moutons, des cochons et de la volaille : canards, oies, cailles, pigeons...

Leur vie est-elle facile ?

Pas vraiment. Les paysans s'épuisent au travail et doivent faire face aux calamités naturelles qui menacent leurs récoltes : sécheresse, nuées de sauterelles, rongeurs, etc. De plus, lorsque les récoltes sont mauvaises, ils sont battus par les agents de l'État chargés de collecter l'impôt.

INCROYABLE !

La consommation de certains aliments, jugés impurs, suit des règles strictes. Par exemple, le pharaon ne doit pas manger de poisson.

Les paysans profitent que la terre soit humide et molle pour semer et labourer en même temps.

2 DE NOVEMBRE À FÉVRIER : PERET, LA SAISON DES SEMAILLES

3 DE MARS À JUIN : CHEMOU, LA SAISON DES RÉCOLTES

Les épis sont piétinés par des bœufs pour détacher les grains. Cette action s'appelle le dépiquage.

Le vannage consiste à lancer les grains en l'air pour que le vent emporte leur enveloppe.

L'orge et le blé sont moissonnés à la faucille.

Quelle est la place des femmes ?

Qu'elles soient déesses, reines ou paysannes, les femmes occupent une place relativement importante dans la société égyptienne. Elles ont des droits, travaillent et parfois jouent un rôle politique.

Une riche égyptienne achète une maison.

Les femmes ont-elles les mêmes droits que les hommes ?

Presque. Héritage, achat, vente, location : elles peuvent posséder des biens et en disposer librement. Elles ont aussi la possibilité de saisir la justice, comme les hommes. Mais si elles trompent leur mari, elles risquent la peine de mort, alors que l'infidélité des hommes n'est pas punie !

INCROYABLE !

Cléopâtre préfère se suicider plutôt qu'être la prisonnière de Rome. Elle meurt à 39 ans, peut-être mordue par un aspic (une vipère).

Quels sont les métiers des femmes ?

Les Égyptiennes exercent toutes sortes de métiers : elles sont cuisinières ou boulangères, servantes ou nourrices, elles participent aux travaux agricoles, filent et tissent, jouent de la musique, etc. Il existe même des femmes scribes qui occupent des postes à responsabilités.

La divine adoratrice d'Amon danse devant la statue du dieu.

Les femmes jouent-elles un rôle religieux ?

Absolument, car beaucoup de femmes exercent la fonction de prêtresse. Au Nouvel Empire, les « divines adoratrices d'Amon » sont les véritables reines de Thèbes. Filles du pharaon, épouses vierges du dieu Amon, elles se consacrent au dieu, dirigent le temple et vivent entourées d'une cour.

Les reines ont-elles du pouvoir ?

Les reines occupent une place essentielle, à la fois religieuse et politique. Elles participent aux cérémonies aux côtés du pharaon et surtout lui donnent un héritier. Certaines conseillent leur époux, voire le remplacent, notamment lorsque l'héritier est mineur à la mort de son père.

La reine Ankhesenamon est très proche de son époux Toutankhamon.

LE SAIS-TU ? Certaines femmes sont des pleureuses professionnelles, payées pour se lamenter lors des funérailles.

PORTRAITS DE REINES

Nitocris aurait vécu sous l'Ancien Empire et serait la première reine à avoir gouverné seule l'Égypte. Malheureusement, aucun portrait d'elle n'a encore été retrouvé.

Tiyi marque fortement le Nouvel Empire : elle est associée au pouvoir de son époux Aménophis III, puis de son fils Aménophis IV – Akhenaton.

Au Nouvel Empire, **Hatshepsout** s'empare du pouvoir et prend le titre de pharaon. Elle s'habille en homme et porte la barbe postiche.

Reine de l'époque ptolémaïque **Cléopâtre** séduit Jules César, puis Marc-Antoine, dans l'espoir de sauver l'Égypte du joug romain. En vain.

Épouse d'Aménophis IV – Akhenaton (Nouvel Empire), **Néfertiti** est aussi belle qu'influente. Elle soutient notamment le culte du dieu unique, Aton.

Aux côtés de son époux Ahmose, **Ahmès-Néfertari** restaure l'unité de l'Égypte et inaugure le Nouvel Empire. Son prestige est si grand qu'après sa mort, elle est vénérée comme divinité protectrice.

Les Égyptiens font-ils attention à leur apparence ?

Hommes et femmes accordent une grande importance à l'hygiène et à la beauté. Ils prennent soin de leur peau, se parfument, se maquillent, portent des vêtements élégants, se parent de bijoux et de fleurs.

S'occupent-ils régulièrement de leur corps ?

Oui, ils se lavent chaque jour avec de l'eau et, en guise de savon, des produits à base de cendre ou de sel. Mais ce n'est pas tout ! Ils se frictionnent et se massent avec des huiles parfumées et des crèmes adoucissantes, voire rajeunissantes. Ils se rasent et s'épilent avec soin, parfois complètement.

Comment s'habillent-ils ?

Les Égyptiens portent des vêtements de lin blanc relativement simples : pagnes, tuniques et robes, dont la forme et surtout les plis varient selon les modes. Beaucoup de leurs tenues, ultra moulantes ou transparentes, dissimulent à peine le corps. Quant aux enfants et aux domestiques, ils sont souvent nus.

INCROYABLE !

Les Égyptiennes portent souvent des robes qui laissent leur poitrine dénudée.

Quelles coiffures aiment-ils ?

Si certains Égyptiens gardent leur chevelure naturelle, beaucoup préfèrent se raser le crâne et porter une perruque. Faite de vrais cheveux ou, pour les moins riches, de brins de laine, la perruque est courte ou longue, bouclée ou tressée en une multitude de petites nattes.

Comment se maquillent-ils ?

Ils se maquillent surtout les yeux. Ils accentuent le contour de l'œil et lui donnent une forme étirée vers la tempe grâce à un trait de khôl. Qu'il soit noir (poudre de galène) ou vert (poudre de malachite), le khôl est utilisé dans un but esthétique et médical car il protège l'œil de certaines maladies.

LE SAIS-TU ? Généralement, les enfants ont le crâne rasé, à l'exception d'une mèche tressée sur le côté.

LES EMPLETTES D'UNE RICHE ÉGYPTIENNE

CETTE RICHE ÉGYPTIENNE SE REND CHEZ SES **ARTISANS FAVORIS** POUR FAIRE QUELQUES COURSES. SON SERVITEUR TIENT UN COFFRET REMPLI DE BIJOUX QUI SERVIRONT DE MONNAIE D'ÉCHANGE, CAR LE COMMERCE FONCTIONNE SOUS FORME DE TROC.

CHEZ LE PARFUMEUR, ELLE ACHÈTE SON HUILE FAVORITE À BASE D'IRIS ET DES PASTILLES D'ENCENS POUR PARFUMER SON HALEINE.

SELON LA COUTUME ÉGYPTIENNE, LES TRANSACTIONS DONNENT LIEU À D'INTERMINABLES **MARCHANDAGES.** POUR UNE BAGUE, OBTIENDRA-T-ELLE UNE OU DEUX PAIRES DE SANDALES ?

OR, ARGENT, TURQUOISE, CORNALINE, LAPIS-LAZULI, AMÉTHYSTE… **L'ATELIER D'ORFÈVRERIE** RECÈLE DES TRÉSORS. LA DAME HÉSITE ENTRE UN LARGE COLLIER DE PERLES OU UN BRACELET INCRUSTÉ DE PÂTES DE VERRE COLORÉES.

UN PEU PLUS LOIN, CHEZ **LE TAILLEUR D'IVOIRE,** ELLE ACHÈTE UN PEIGNE, QUELQUES ÉPINGLES ET UNE BOÎTE À FARD EN FORME DE POISSON.

AVANT DE RENTRER, ELLE PASSE PAR L'ÉTAL DU **VENDEUR D'AMULETTES** ET CHOISIT UN PENDENTIF EN FAÏENCE SUPPOSÉ LA PRÉSERVER DES MALADIES.

À quoi ressemblent les maisons égyptiennes ?

Elles sont généralement fabriquées en briques de terre séchées et en bois, puis blanchies à la chaux ou peintes. Leur taille et leur aménagement dépendent de la richesse du propriétaire.

INCROYABLE !

Marmites, moules, terrines, jarres… tous les ustensiles de cuisine sont en terre cuite, parfois imperméabilisés avec de l'argile.

Combien de personnes y habitent ?

Un foyer type se compose d'un couple marié et de ses enfants. Malgré quelques exceptions, la monogamie est la règle, autrement dit, un homme n'a qu'une seule épouse. Certaines familles emploient et hébergent également un ou plusieurs serviteurs.

Comment sont-elles meublées ?

Les Égyptiens disposent de lits, de fauteuils, de chaises, de tabourets, de tables basses et de guéridons. Ils rangent leurs vêtements et autres affaires dans des niches murales ou des coffres. Ils recouvrent les sols de nattes et décorent les murs de fresques ou de tentures colorées.

Possèdent-elles un jardin ?

Seules les demeures aisées sont entourées d'un jardin. Celui-ci est organisé en parterres symétriques et agrémenté de bassins. Il abrite aussi des dépendances : cuisine, réserves, silos à grain, étable, écurie, ateliers, habitations des serviteurs, etc. Un mur protège l'ensemble.

LE SAIS-TU ? En guise d'oreiller, les Égyptiens utilisent un appui-nuque, généralement en bois.

UNE CONFORTABLE MAISON ÉGYPTIENNE

Selon un plan classique, elle se compose de trois pièces en enfilade.

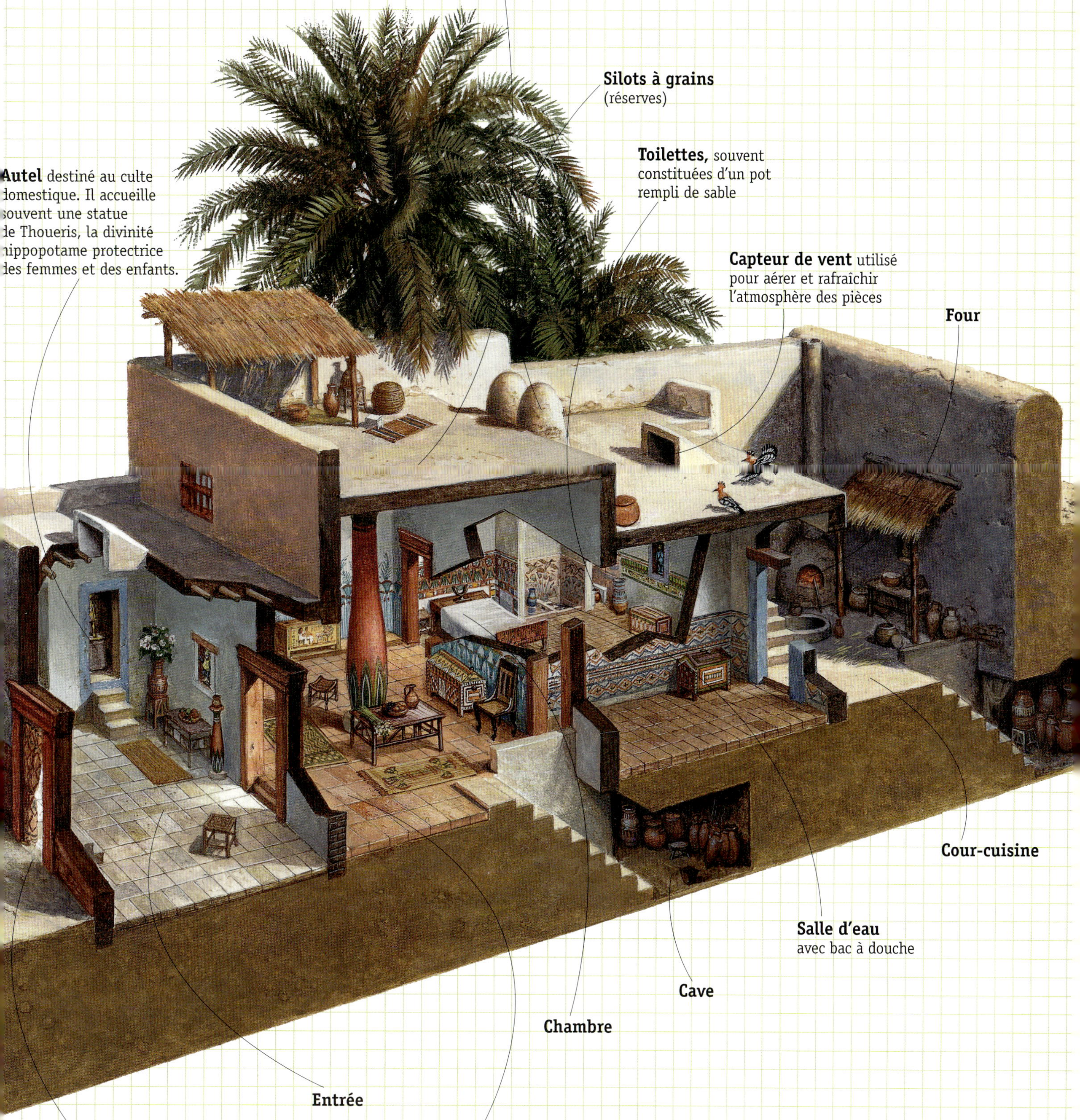

Comment se divertissent les Égyptiens ?

Les Égyptiens, petits et grands, prennent plaisir à jouer et écouter des histoires. Ils adorent chasser et pêcher. Ils aiment aussi faire la fête, lors des cérémonies religieuses et autres banquets.

INCROYABLE !

Les Égyptiens adorent leurs animaux de compagnie. Ils se rasent même les sourcils en signe de deuil lorsque leur chat meurt.

À quoi jouent-ils ?

Les jeunes enfants possèdent des jouets, notamment des animaux articulés. Les filles dansent et jonglent avec des balles, tandis que les garçons mesurent leur force, leur vitesse et leur adresse. Les adultes, eux, jouent au « senet », une sorte de jeu de l'oie, et à bien d'autres jeux de société.

Comment chassent-ils ?

Armés de bâtons de jet, de lances, d'arcs et de flèches, ils traquent les oiseaux des marais, les hippopotames, les gazelles, les lions... Ils sont parfois accompagnés de chiens. Les Égyptiens chassent par plaisir mais aussi par nécessité, pour se nourrir ou supprimer certains animaux dangereux.

Et les fêtes, comment se déroulent-elles ?

Les fêtes publiques, liées aux dieux ou au pharaon, donnent lieu à des processions, des cérémonies et des spectacles. Ce sont de grands moments de réjouissance : la foule danse et s'amuse ; la bière et le vin coulent à flot. Les Égyptiens prennent aussi plaisir à se recevoir en privé, lors de banquets.

LE SAIS-TU ? Les Égyptiens pratiquent certains sports comme la course, la lutte et le combat au bâton.

JOUR DE FÊTE

Un banquet réussi est un bon repas égayé de divertissements : chant, musique, danse, acrobatie, jonglerie…

❶ **Les musiciennes** jouent de la harpe, du luth, de la flûte, du tambourin…

❷ **Les danseuses et les servantes** sont presque nues, vêtues d'un pagne ou d'une simple ceinture et de quelques bijoux.

❸ **Les convives** portent sur la tête un petit cône de graisse parfumé. En fondant, celui-ci embaume les cheveux.

❹ **Cuissots de gazelle, oies rôties, pigeons farcis, pastèques, raisins, pâtisseries au miel…** tous les plats sont servis en même temps.

❺ Les Égyptiens s'entourent **d'animaux de compagnie :** des chats, des chiens et, parfois, des singes.

❻ **Les convives** mangent avec leurs doigts et piochent directement dans les plats.

Les Égyptiens adorent-ils un seul dieu ?

Non. Ils vénèrent une multitude de dieux : ils sont polythéistes. Les principaux dieux ont tous une ville d'origine qui leur rend un culte fervent. Mais certains sont adorés dans toute l'Égypte.

INCROYABLE !

À Memphis, un taureau vivant incarne le dieu Ptah. Appelé Apis, il est traité comme une idole et, à sa mort, il est momifié.

À quoi ressemblent les dieux ?

Leur apparence est extrêmement variée. Certains ont forme humaine, d'autres ressemblent à des animaux ou des éléments cosmiques. Les Égyptiens honorent également toutes sortes de génies, comme Bès, un petit monstre grimaçant chargé d'effrayer les démons.

Rê est-il un dieu important ?

Oui. Rê est le Soleil. Il est originaire d'Héliopolis, « la ville du Soleil », mais il rayonne sur l'Égypte tout entière et participe au pouvoir des pharaons qui se font appeler « fils de Rê ». Le Soleil prend parfois d'autres noms : Khépri, le Soleil levant, Atoum, le Soleil couchant, Aton, le disque solaire…

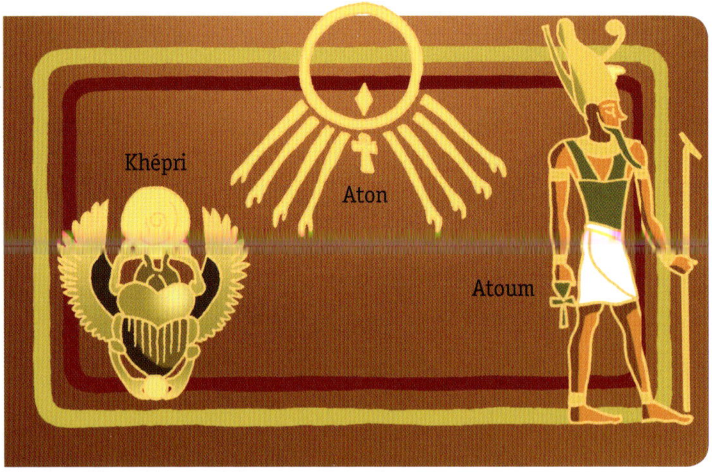

Aidée d'Anubis, Isis redonne vie au corps d'Osiris en le momifiant.

Qui sont Isis et Osiris ?

La déesse Isis et son frère le dieu Osiris forment un couple divin extrêmement populaire. Ils sont notamment les héros d'un mythe racontant la mort tragique d'Osiris, tué par son frère Seth, et sa résurrection dans l'Au-delà grâce à l'intervention d'Isis.

Comment les Égyptiens honorent-ils leurs dieux ?

Tout dieu important possède son temple et son clergé. Seuls les prêtres et les prêtresses sont autorisés à approcher sa statue. Ils la traitent comme un être vivant : chaque jour, ils la lavent, l'habillent, lui offrent de la nourriture et lui chantent des louanges.

Le saint des saints, où se trouve la statue du dieu, s'appelle le naos.

LE SAIS-TU ? La déesse vautour Nekhbet protège la Haute Égypte, la déesse cobra Ouadjet veille sur la Basse Égypte.

DIEUX ET DÉESSES

Rê, le dieu Soleil, est parfois associé à Horus (Rê Horakhty) ou Amon (Amon Rê).

Horus, le dieu faucon, possède une nature complexe, liée au ciel et au pouvoir pharaonique. Dans le mythe d'Isis et Osiris, il est présenté comme leur fils.

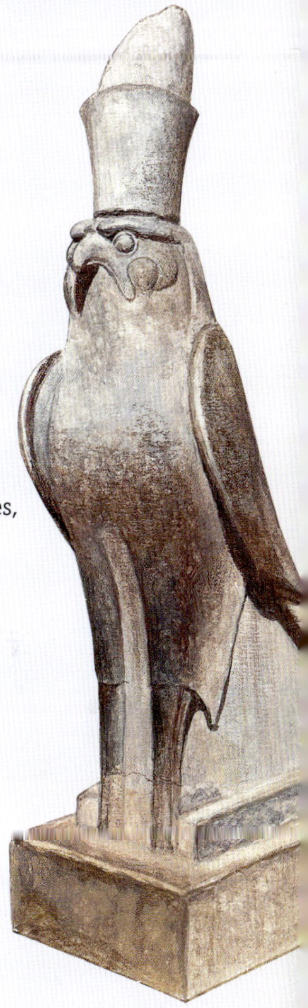

Osiris est le seigneur de l'Au-delà et le dieu des Morts. Ressuscité, il incarne aussi le renouveau annuel de la végétation.

Épouse fidèle, mère dévouée, **Isis** est une déesse très populaire, protectrice et guérisseuse.

Coiffé de deux longues plumes, **Amon** est le puissant dieu de Thèbes, élevé au rang de « roi des dieux » au Nouvel Empire.

Seth est généralement considéré comme un dieu malfaisant et destructeur. Sa tête animale est difficile à identifier.

Hathor est la déesse de la Beauté féminine, de l'Amour et de la Joie. Elle est représentée sous les traits d'une vache ou avec des cornes de vache.

Anubis, le dieu chacal, veille sur la momification et guide les morts dans l'Au-delà.

Thot, le dieu ibis ou babouin, incarne la connaissance. Il est l'inventeur de l'écriture et le patron des scribes.

Comment les Égyptiens enterrent-ils leurs morts ?

Tous ceux qui en ont les moyens tentent de conserver le corps de leurs défunts. Cette pratique répond à une croyance religieuse : les morts ont besoin de leur corps intact pour ressusciter dans l'Au-delà.

Que font-ils des corps ?

Ils les momifient. Autrement dit, ils les préparent afin d'éviter la décomposition. Ils enferment ensuite chaque momie dans un cercueil, ou sarcophage. Puis, ils déposent le sarcophage dans une tombe qui contient également la nourriture et les objets nécessaires au défunt dans l'Au-delà.

INCROYABLE !

KV5 est le plus vaste hypogée de la Vallée des Rois, divisé en 150 salles et corridors. Il serait le tombeau des quelque 50 fils de Ramsès II.

Pensent-ils que tous les morts ressuscitent ?

Non, au contraire. Selon eux, le passage dans l'Au-delà est soumis à un certain nombre d'épreuves dont la pesée du cœur. Posé sur une balance, le cœur doit être aussi léger que la plume de Maât, la déesse de la Vérité et de la Justice. Sinon, il est dévoré par un monstre et le défunt ne peut ressusciter.

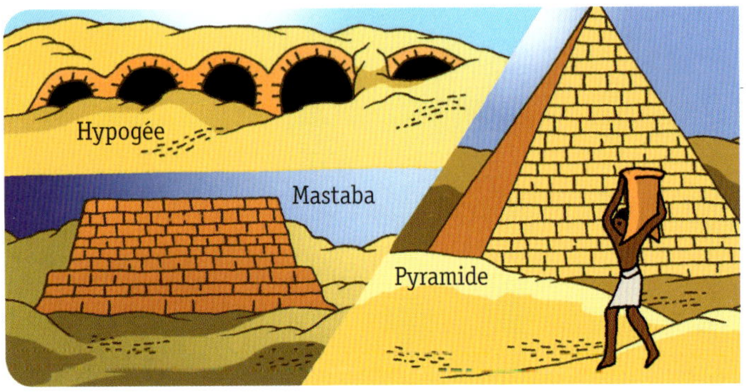

À quoi ressemblent les tombes ?

Leur aspect varie en fonction de la fortune de leur propriétaire. Les plus pauvres n'ont droit qu'à un trou dans le désert, alors que les pharaons se font construire des monuments grandioses : des mastabas (sortes de buttes rectangulaires), des pyramides ou des hypogées (tombes souterraines).

Et la Vallée des Rois, qu'est-ce que c'est ?

C'est un grand cimetière abritant une soixantaine d'hypogées pharaoniques magnifiquement décorés. La Vallée des Rois se situe à Thèbes (Louxor aujourd'hui), au cœur d'une montagne qui accueille aussi les tombes des hauts personnages de la cour et les temples destinés au culte des pharaons morts.

Le temple de la reine Hatshepsout à Deir el-Bahari.

LE SAIS-TU ? Les « embaumeurs » jettent le cerveau mais conservent le cœur, considéré comme le siège de la réflexion et des sentiments.

LA PRÉPARATION D'UNE MOMIE

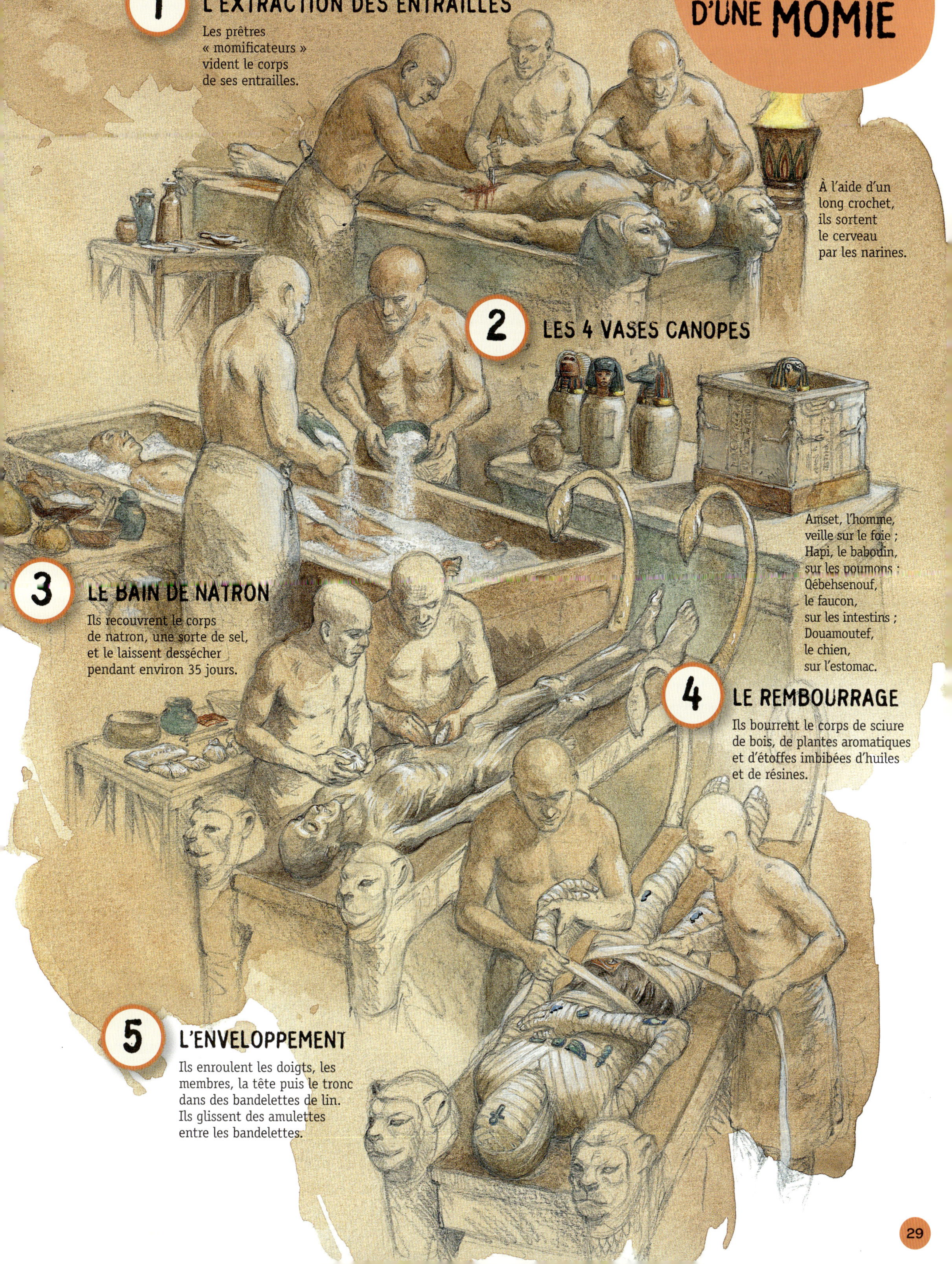

1 L'EXTRACTION DES ENTRAILLES

Les prêtres « momificateurs » vident le corps de ses entrailles.

À l'aide d'un long crochet, ils sortent le cerveau par les narines.

2 LES 4 VASES CANOPES

Amset, l'homme, veille sur le foie ; Hapi, le babouin, sur les poumons ; Qébehsenouf, le faucon, sur les intestins ; Douamoutef, le chien, sur l'estomac.

3 LE BAIN DE NATRON

Ils recouvrent le corps de natron, une sorte de sel, et le laissent dessécher pendant environ 35 jours.

4 LE REMBOURRAGE

Ils bourrent le corps de sciure de bois, de plantes aromatiques et d'étoffes imbibées d'huiles et de résines.

5 L'ENVELOPPEMENT

Ils enroulent les doigts, les membres, la tête puis le tronc dans des bandelettes de lin. Ils glissent des amulettes entre les bandelettes.

Comment connaît-on la civilisation égyptienne ?

Si les édifices en briques de terre, maisons et palais, ont presque totalement disparu, les monuments de pierre, temples et tombes, ont résisté au temps et forment un patrimoine archéologique exceptionnel.

Que découvre Champollion ?

Le savant français Jean-François Champollion (1790-1832) perce le mystère des hiéroglyphes, l'écriture oubliée des anciens Égyptiens. La clé de l'énigme lui est fournie par la pierre de Rosette, une stèle reproduisant le même texte en trois écritures : hiéroglyphique, démotique et grecque.

INCROYABLE !

En 1939, Pierre Montet découvre plusieurs tombes intactes à Tanis. Elles contiennent un extraordinaire trésor d'or et d'argent.

Qu'est-ce que l'égyptologie ?

Jean-François Champollion est considéré comme le fondateur de l'égyptologie, la science qui étudie l'Égypte ancienne. Cette spécialité fait appel à une multitude de disciplines : philologie (étude des textes), archéologie, histoire, géologie, zoologie, botanique, etc.

Qui est Mariette ?

Auguste Mariette (1821-1881) est un égyptologue français. Il fouille de nombreux sites et découvre notamment le Sérapeum de Saqqara, où reposent les momies des taureaux sacrés Apis. Il crée le Service des Antiquités d'Égypte et le musée égyptien du Caire.

Pourquoi fouille-t-on aussi sous la mer ?

Alexandrie, Canope, Thônis-Héracléion : de nombreux sites antiques jalonnent la côte méditerranéenne de l'Égypte. Mais beaucoup sont aujourd'hui sous l'eau, victimes d'affaissements de terrain et d'inondations. Ils sont donc étudiés par des archéologues plongeurs.

LE SAIS-TU ? Champollion se passionne pour les langues dès l'enfance. Il étudie le latin, le grec, l'hébreu, l'arabe, le copte…

LA TOMBE DE TOUTANKHAMON

En 1922, le Britannique Howard Carter découvre la tombe de Toutankhamon, un pharaon du Nouvel Empire, mort à 18 ans.

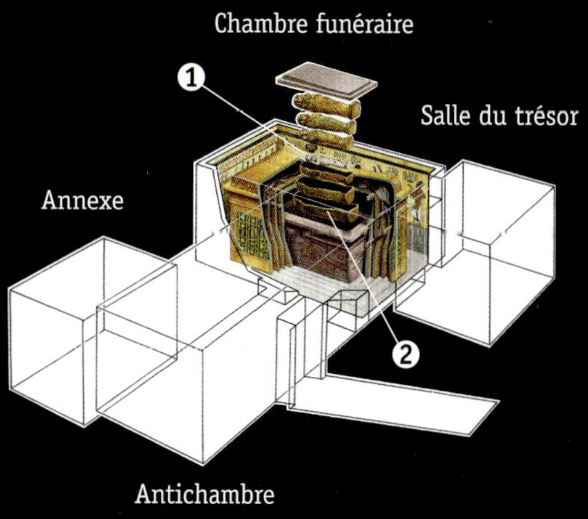

❶ **La momie du pharaon** est couverte d'or : colliers, bracelets, fourreaux pour les doigts et les orteils, masque…

❷ La momie est déposée dans **trois sarcophages** emboîtés les uns dans les autres, eux-mêmes enfermés dans une cuve de pierre et quatre grands coffres de bois doré.

❸ Contrairement aux autres tombes pharaoniques, pillées depuis l'Antiquité, **la tombe de Toutankhamon** est inviolée. Elle recèle le plus grand trésor jamais trouvé en Égypte.

❹ La tombe est remplie de **meubles et d'objets somptueux,** faits d'or, d'ébène, d'ivoire ou d'albâtre, incrustés de pâtes de verre et de pierres semi-précieuses.

❺ **Derrière ce mur** de l'antichambre se trouve la chambre funéraire. Une porte scellée permet d'y accéder.

Textes Sandrine Mirza
Illustrations Christian Jégou (p. 5, 9, 11, 13, 17, 19, 23, 25, 27, 29, 31, et illustration de couverture)
et Xavier Mussat (p. 4, 6, 7, 8, 10, 12, 14, 15, 16, 18, 20, 21, 22, 24, 26, 28, 30)

Conception graphique et maquette Maryse Guittet
Relecture typographique Anne Bleuzen
Photogravure Irilys

Loi n°49-956 du 16 juillet 1949
sur les publications destinées à la jeunesse, modifiée par la loi n°2011-525 du 17 mai 2011.

ISBN : **978-2-09-255345-9**
N° d'éditeur : 10202032 – Dépôt légal : juin 2014
Achevé d'imprimer en mai 2014 par Pollina (85400 Luçon) - L68330